D0421905

EL LIBRO DE LOS SUEÑOS

Distribuido por Publishers Group West

EL LIBRO DE LOS SUEÑOS

ENCONTRANDO NUESTRO CAMINO EN LA OSCURIDAD

Tecnología para el Alma™

YEHUDÁ BERG

Para más información:

The Kabbalah Centre
155 E. 48th St., Nueva York, NY 10017
1062 S. Robertson Blvd., Los Angeles, CA 90035

1.800.Kabbalah www.kabbalah.com

Primera Edición en español
Mayo 2006
Impreso en EE.UU.
ISBN13: 978-1-57189-555-4
ISBN10: 1-57189-555-8

Diseño: Hyun Min Lee

Dedico este libro a los Kabbalistas de todas las generaciones, quienes, como mi padre y el maestro que lo precedió, sufrieron para que todas las personas del mundo pudieran usar esta tecnología y eliminar con ella el caos de sus vidas.

ÍNDICE

AGRADECIMIENTOS

Me gustaría dar las gracias a las muchas personas que han hecho posible este libro.

Primero y principalmente, al Rav y Karen Berg, mis padres y maestros. Les estaré eternamente agradecido por su constante guía, sabiduría y apoyo incondicional. Yo soy tan sólo uno más de los muchos que han sido tocados por su amor y sabiduría.

A Michael Berg, mi hermano, por tu constante apoyo y amistad, y por tu visión y fuerza. Tu presencia en mi vida me motiva a llegar a ser lo mejor que puedo ser.

A mi esposa, Michal, por tu amor y dedicación; por tu poder silencioso; por tu belleza, claridad y tu forma de ser tan poco complicada. Eres la fuerte base que me da seguridad para elevar mi vuelo.

A David, Moshe, Channa, y Yakov, los preciosos regalos en mi vida que me recuerdan a diario cuánto falta por hacer para asegurarnos de que el mañana sea mejor que el hoy.

A Billy Phillips, uno de mis amigos más cercanos, por tu ayuda para que este libro fuera posible. La contribución que haces a diario y de tantas maneras en el Centro de Kabbalah es apreciada mucho más de lo que te puedas imaginar.

A Andy Behrman, gracias por tu constante y apasionada búsqueda de la verdad, y por dedicar tus talentos a ayudar a nuestro equipo a crear la diferencia en este mundo.

A Don Opper, Hyun Lee, Christian Witkin, y Esther Sibilia, cuyas contribuciones han hecho que la calidad e integridad físicas de todo lo que hacemos estén a la altura del patrimonio espiritual de esta increíble sabiduría que me ha sido transmitida por mi padre, el Rav Berg.

A Lisa Mirchin, Courtney Taylor, Sharon Oberfeld, e Igor Iskiev: gracias por compartir sus regalos para lograr que más personas puedan tener acceso a las herramientas con las cuales descubrir su destino.

Deseo agradecer a Rich Freese, Eric Kettunen, y a todo el equipo de PGW por su visión y apoyo. Su eficiencia proactiva nos brinda la confianza necesaria para producir más y más libros sobre la Kabbalah, para que todo el mundo pueda beneficiarse de esta asombrosa sabiduría.

A todos los Jevre de todos los Centros de Kabbalah del mundo: las noches que hemos compartido juntos estudiando alimentan mi pasión para llevarle el poder de la Kabbalah a todo el mundo. Ustedes son parte de mí y de mi familia, dondequiera que se encuentren.

A los estudiantes que estudian Kabbalah alrededor del mundo: su deseo de aprender, de mejorar sus vidas y de compartir con el mundo es una inspiración. Los milagros que escucho de ustedes a diario hacen que todo lo que hago valga la pena.

. . . Hoy les digo a ustedes, amigos míos, que a pesar de las dificultades del momento, yo aún tengo un sueño. Es un sueño profundamente arraigado en el sueño "americano".

Sueño que un día esta nación se levantará y vivirá el verdadero significado de su credo: "Afirmamos que estas verdades son evidentes: que todos los hombres son creados iguales." Sueño que un día, en las rojas colinas de Georgia, los hijos de los antiguos esclavos y los hijos de los antiguos dueños de esclavos, se podrán sentar juntos a la mesa de la hermandad. Sueño que un día, incluso el estado de Misisipí, un estado que se sofoca con el calor de la injusticia y de la opresión, se convertirá en un oasis de libertad y justicia. Sueño que mis cuatro hijos vivirán un día en un país en el cual no serán juzgados por el color de su piel, sino por los rasgos de su personalidad. ¡Hoy tengo un sueño!

Sueño que un día el estado de Alabama, cuyo gobernador escupe frases de interposición entre las razas y anulación de los negros, se convertirá en un sitio donde los niños y niñas negras podrán unir sus manos con las de los niños y niñas blancas y caminar unidos como hermanos y hermanas. ¡Hoy tengo un sueño! Sueño que algún día los valles serán cumbres, y las colinas y montañas serán llanos, los sitios más escarpados serán nivelados y los torcidos serán enderezados, y la gloria de Dios será revelada, y se unirá todo el género humano. Ésta es nuestra esperanza. Ésta es la fe con la cual regreso al sur. Con esta fe podemos esculpir de la montaña de la desesperanza una piedra de esperanza. Con esta fe podemos transformar el sonido discordante de nuestra nación, en una hermosa sinfonía de fraternidad. Con esta fe podremos trabajar juntos, rezar juntos, luchar juntos, ir a la cárcel juntos, defender la libertad juntos, sabiendo que algún día seremos libres . . .

"Tengo Un Sueño"
por Martin Luther King, Jr.

Discurso leído en las gradas del Lincoln Memorial en Washington D.C. el 28 de agosto de 1963. Fuente del original: *Martin Luther King, Jr: The Peaceful Warrior*, Pocket Books, NY 1968
Fuente de la traducción: Embajada de EE.UU. en Colombia

Rav Berg, mi padre, tenía una visión muy simple: él deseaba poder llevar las enseñanzas de la Kabbalah a todas las personas, sin importar su edad, género o religión. Sin embargo, para la institución religiosa, este simple sueño era considerado inconcebible. Durante 20 siglos, los miembros de esta institución habían guardado celosamente las enseñanzas de la Kabbalah y habían utilizado todos los medios a su alcance —incluyendo la violencia— para evitar que cayeran en manos de personas como tú o como yo.

Entonces, ¿cómo le fue posible a mi padre realizar su visión, cuando 2.000 años de protección profundamente arraigada obstaculizaban su camino?

¡Fue posible porque el Destino es más fuerte que el Miedo!

Hace treinta años, cuando mi padre decidió por primera vez manifestar su sueño, las enseñanzas de la

Kabbalah eran virtualmente desconocidas para cualquiera, fuera de un reducido número de eruditos Ortodoxos. Incluso hace 15 años, a pesar de los esfuerzos de mi padre, esas enseñanzas permanecían aún en tinieblas tras un grueso velo de secreto, misterio y mistificación.

Pero entonces, las cosas comenzaron a cambiar. A medida que la gente normal empezó a beber de este pozo infinito de sabiduría, el sueño de mi padre apareció en sus corazones. Ellos también querían compartir la sabiduría de la Kabbalah con el resto del mundo. Los estudiantes se convirtieron en maestros. Los maestros se casaron y crearon familias. Nuevos centros de aprendizaje de la Kabbalah empezaron a surgir por todo el mundo, enseñando esta sabiduría a adultos y a niños. Se estaban transformando vidas.

Pero todo esto tuvo su precio. Mi madre fue atacada por fanáticos religiosos, y acabó en el hospital con una conmoción cerebral. A mi hermano y a mí nos fue negado el ingreso a la escuela. Mi padre fue objeto de una campaña de 30 años de difamación y amenazas. Y todo por que se atrevió a tener una visión de un pozo de sabiduría Kabbalística abierto a todo el mundo.

Hoy en día, la Kabbalah ha ingresado en la conciencia colectiva del mundo establecido. Las enseñanzas de la Kabbalah han sido puestas en uso de forma práctica por estudiantes de todas las profesiones y condiciones sociales. Científicos y médicos de todo el mundo han utilizado estas enseñanzas para remodelar el pensamiento sobre el universo y el cuerpo humano. Los milagros se están volviendo posibles.

Comparto todo esto con ustedes por una razón: para ilustrar el poder de un solo sueño. La persistencia y la fe inagotable en un sueño son la clave para su manifestación en el mundo. Y, a decir verdad, el sueño de llevar la Kabbalah a todo el mundo no empezó con mi padre. Tampoco empezó con su maestro, Rav Yehudá Brandwein. Ni tampoco con el maestro de Rav Brandwein, Rav Yehudá Áshlag. Este sueño ha sido transmitido por un distinguido linaje de kabbalistas que data de unos 2.000 años atrás y que se remonta hasta el Kabbalista más grande de todos los tiempos: Rav Shimón bar Yojái. Rav bar Yojái le dio al mundo el verdadero Santo Grial: *El Zóhar*, el libro más importante de la Kabbalah. En este libro de gran renombre yacen los secretos de la Creación, los orígenes del universo en el *Big Bang*, el conocimiento de la medicina y la curación, los misterios de nuestros sueños, los secretos de nuestra alma, y las técnicas para lograr la felicidad y la satisfacción eterna dentro de un mundo desbordante de paz y prosperidad.

Ahora, yo les transmito este sueño a ustedes. Se lo transmito con la esperanza de que ustedes también encuentren su destino en los nocturnos mensajes divinos que llamamos Sueños.

—Yehudá Berg

INTRODUCCIÓN

En una de nuestras clases en el Centro de Kabbalah de Los Ángeles, un estudiante relató la siguiente historia:

"Hace algunos años, tuve un sueño recurrente. Siempre se iniciaba con un fuerte estruendo, como un fuerte disparo. Y luego una voz que me decía: *'No estás muerto. Necesitas despertar. Necesitas conducir el auto.'* ¿Qué auto? ¡No había ningún auto en el sueño! Sin embargo, puesto que la voz sonaba tan apremiante, intentaba despertarme de todas formas. Pero no importaba cuánto luchara en el sueño, nunca podía hacerlo. Es decir, me despertaba del sueño pero nunca dentro del sueño. Tuve este sueño varias veces durante un período de unas dos semanas y nunca me fue posible despertarme dentro del sueño. Y luego, finalmente, logré hacerlo, logré despertarme dentro del sueño. Después de eso, no volví a tener ese sueño."

"Lo había olvidado por completo, hasta que una noche, un par de semanas más tarde, iba de pasajero en un auto conducido por un amigo y escuché ese estruendo, ese fuerte disparo; pero estaba inconsciente. No sabía por qué, pero estaba inconsciente y sólo quería dormir. Y entonces recordé la voz del sueño que me decía: *'No estás muerto. Necesitas despertar. Necesitas conducir el auto.'* Entonces lo hice: me desperté. Al despertar, me encontré con que el auto en el cual viajábamos se había incendiado; había explotado, pero aún nos movíamos. Supe luego que una gigantesca llanta se había desprendido de un semi-camión que circulaba por el otro lado de la carretera y se había estrellado contra nuestro auto. Tanto mi amigo como yo quedamos inconscientes, pero el pie de mi amigo aún estaba apretando el acelerador. Nos movíamos directamente hacia una colisión frontal con el tránsito que venía del lado contrario. Pero ahora yo estaba despierto. Y, como dijo la voz, necesitaba *'conducir el auto.'* Y eso fue exactamente lo que hice. Tranquilamente, casi como si estuviera soñando, tomé el volante desde mi asiento en el lado del pasajero y conduje el auto hasta que estuvimos seguros fuera del flujo del tránsito. Salí de la carretera y estacioné el auto. "

"Si no hubiera sido por ese sueño, estoy seguro de que tanto mi amigo como yo estaríamos ahora muertos . . ."

Este es el tipo de historia que nos deja perplejos, nos cautiva y fascina. Todos soñamos. Y aun cuando no todos hemos sido tan afortunados de haber tenido una visión tan profética, todos nos hemos despertado alguna vez en mitad de la noche, consumidos por imágenes de una realidad alternativa en la cual las leyes normales del tiempo y del espacio están suspendidas.

Todos nos hemos despertado, ya sea aterrorizados por una pesadilla o inspirados por imágenes que nos bañan con una irresistible sensación de paz y gracia. En nuestros sueños, somos testigos de extraños eventos que se desarrollan en lugares excéntricos, algunos vagamente familiares, otros tan fantásticos que podrían ser producto de la ciencia ficción.

Desde la antigüedad, los sueños han dado lugar a numerosas teorías, conjeturas, creencias y miedos, tanto imaginarios como científicos. Han sido vistos como una fuerza de sanación, una prolongación del estado de vigilia, y una fuente de adivinación.

Pero, ¿qué son los sueños? ¿De dónde vienen? ¿Pueden los sueños reducirse a meras representaciones inconscientes de nuestras esperanzas y miedos personales? ¿Acaso no son nada más que el peculiar efecto en nuestro delicado metabolismo de comer demasiadas hamburguesas grasientas a altas horas de la noche? ¿Serán tan sólo una repetición de imágenes y ruidos al azar?

¿O es que los sueños vienen a nosotros desde un lugar más elevado? En otras palabras . . .

¿ . . . están nuestros sueños tratando de decirnos algo?

Las respuestas a estas preguntas —y a muchas más— pueden encontrarse en una antigua colección de sabiduría que data de los inicios del tiempo.

Esa antigua colección de sabiduría se llama Kabbalah.

TECNOLOGÍA PARA EL ALMA O LA TEORÍA DEL TODO

La Kabbalah es la colección más influyente y antigua de conocimientos en el mundo. Es una disciplina que revela tanto las leyes físicas como espirituales que gobiernan el universo y el alma humana. Y lo que es más importante, la Kabbalah es una ciencia *aplicada*: un compendio de conocimientos con aplicación práctica en el mundo real. Brinda las respuestas a nuestras preguntas más fundamentales: ¿Por qué estamos aquí, de dónde venimos, cómo debemos comportarnos, cuál es nuestro propósito en la vida?

La Teoría del Todo

Albert Einstein acuñó el término teoría del campo unificado poco tiempo después de desarrollar la teoría de la relatividad. En pocas palabras, la teoría del campo unificado es la tan buscada forma de ligar todos los fenómenos conocidos de manera que expliquen la naturaleza y el comportamiento de toda la materia y energía en existencia. Como resultado, a menudo es referida como *la Teoría del Todo*. Los físicos han conjeturado que tal concepto, si llegara a probarse, desentrañaría todos los secretos de la naturaleza y haría posibles multitud de maravillas, incluyendo beneficios a nivel práctico como el viaje en el tiempo y una fuente inagotable de energía limpia. Según afirma Michio Kaku, un físico teórico de City College, en la City University of New York, quienes están enfrascados en la búsqueda de la Teoría del Todo tratan de encontrar "una ecuación de una pulgada de largo que nos permita leer la mente de Dios."

La Kabbalah es la Teoría del Todo. Su aplicación proporciona soluciones a preguntas difíciles que no han podido responder otras disciplinas menos inclusivas. Desentraña los enigmas de la vida. Descifra códigos. Y, como todas las ciencias, la Kabbalah revela el milagroso orden y armonía en lo que a veces aparenta ser el caos de la vida. Nos ofrece herramientas prácticas para llevar a cabo cambios auténticos en nuestras vidas y en el mundo. Nos dice que las cosas suceden *por un motivo*.

Un Poco de Historia

El linaje de la Kabbalah se remonta muy atrás en los registros históricos. Avraham el Patriarca escribió su primer texto, *El Libro de la Formación*, hace unos 4.000 años. En efecto, *El Libro de la Formación* es esa ecuación de "una pulgada de largo" a la cual hacía referencia Michio Kaku. Si bien tan sólo consta de unas cuantas páginas, *El Libro de la Formación* contiene las respuestas a todos los misterios del Universo. De la misma manera que la ecuación $E = MC^2$, estas páginas antiguas revelan una gran cantidad de información en una forma sumamente condensada. Y, al igual que la famosa ecuación de Einstein, muy pocas personas pueden entender sus profundas implicaciones al completo.

Como agua que da vida, aprisionada en forma de hielo en la cima de una remota montaña, la sabiduría contenida en *El Libro de la Formación* ha permanecido inaccesible durante casi 2.000 años. Posteriormente, en el siglo II, en Israel, Rav Shimón bar Yojái se entregó a la tarea de decodificar sus conocimientos. El resultado fue un manuscrito de varios volúmenes escrito en verso llamado *El Libro del Esplendor*, o *El Zóhar*. *El Zóhar* es una obra de sabiduría y poder espiritual inigualables. Expresa ideas codificadas dentro de *El Libro de la Formación*, que tenían siglos de adelanto a su era. En una época en la cual todos creían que la Tierra era plana, *El Zóhar* describía a nuestro planeta como esférico. También describía el momento de la creación como una explosión de tipo Big Bang, y exploraba la noción de universos paralelos.

Predijo de forma eficaz los modelos científicos más recientes de un universo físico de diez dimensiones. Pero, como dijo el escritor científico Arthur C. Clarke: "Es imposible distinguir cualquier tecnología suficientemente avanzada de la magia." En el siglo II, *El Zóhar* era considerado un texto herético. Ciertamente, el mundo no estaba listo para él; el deshielo no había dado comienzo todavía. Por lo tanto, la sabiduría y el conocimiento que contenía permanecieron congelados en la cima de esa montaña.

En el siglo XIII, en España, Rav Moisés de León redescubrió *El Zóhar*. Sin embargo, su descubrimiento pasó prácticamente inadvertido por el público en general y por las mentes más avanzadas de su generación. Aún así, el descubrimiento del Rav marcó un cambio en el clima. El hielo se estaba calentando.

En el siglo XVI, Rav Isaac Luria realizó un análisis histórico sobre *El Zóhar* que rescató esta colección única de sabiduría de la oscuridad. El análisis de Luria y sus enseñanzas se convirtieron en la escuela de mayor autoridad del pensamiento Kabbalístico. Los eruditos pronto tradujeron los escritos de Luria al latín, lo cual permitió que la sabiduría del *Zóhar* influenciara a algunos de los más grandes pensadores del Renacimiento, incluyendo a Isaac Newton y a Gottfried Leibniz. La sabiduría del *Zóhar*, congelada durante tantos años, empezó a fluir hacia el mundo. Todas las percepciones presentes en este libro tienen su raíz en los análisis de Luria.

EL JUEGO DEL ESCONDITE

"Es una situación bastante embarazosa admitir que no podemos encontrar el 99 por ciento del universo."
—Bruce Margon, PhD, Director Adjunto del Instituto de Ciencia del Telescopio Espacial, Baltimore, Maryland

Una de las más importantes e innovadoras percepciones ofrecidas por *El Zóhar* es su concepción de que la "realidad" —lo que podemos ver, tocar, saborear, oler y sentir— representa sólo el 1 por ciento del panorama completo del universo. A este respecto, *El Zóhar* se une a astrónomos modernos como el Dr.Bruce Margon, quien actualmente estima que cerca del 99 por ciento del universo físico se encuentra oculto a nuestra vista. "La Madre Naturaleza se está riendo por partida doble", nos dice el Dr. Margon. "Ha ocultado la mayor parte de la materia en el universo, y la ha ocultado bajo una forma no visible."

Para el kabbalista, esta pequeña broma resulta fundamental para comprender cómo funciona realmente el mundo. Es un principio esencial a la hora de considerar la naturaleza de nuestra tarea, nuestro trabajo, y nuestra misión en la vida.

Un Mundo de Sombras—Un Reino de Luz
1 Por ciento/99 Por ciento

Y entonces, ¿qué es este 1 por ciento del universo al que llamamos "realidad"?

Dicho de forma simple, es el mundo que vemos todos los días. Es lo que percibimos con nuestros cinco sentidos. Es el mundo físico. Es el mundo que conocemos, compuesto por trenes subterráneos, entrevistas de trabajo, y romance. Es el mundo de la conducta Tipo A, el baloncesto y el punto G: un mundo de prodigios y accidentes, de anhelo y de caos imprevisto. Es el "valle de lágrimas" al cual han hecho referencia tantos poetas. Es, como escribió Shakespeare, esa "corta vela" que tiene el nacimiento en uno de sus extremos y la muerte en el otro.

Pero así como la ciencia moderna nos dice que hay mucha más materia y energía en el universo de la que podemos ver, también *El Zóhar* nos dice que la vida es mucho más que este mundo del 1 por ciento en el cual estamos tan completamente enredados. De hecho, esta realidad del 1 por ciento es tan sólo una sombra —*una sombra tridimensional*— de una realidad de 10 dimensiones que está oculta a nuestros sentidos inmediatos.

Digámoslo de nuevo:

El mundo del 1 por ciento es solamente una sombra de una realidad superior.

Como todas las sombras, el mundo del 1 por ciento ni siquiera existe sin el mundo del 99 por ciento. De hecho, nada sucede en nuestro mundo del 1 por ciento que no tenga su inicio en el mundo del 99 por ciento. El mundo del 99 por ciento es la fuente, el manantial, la primera causa de todo lo que sucede. Todo conocimiento, sabiduría y gozo moran dentro de su reino. Es ahí donde residen la verdadera plenitud, la paz eterna y la satisfacción duradera. Es el reino de la Luz. Pero, admitámoslo: como los astrónomos que buscan la vasta cantidad de materia física oculta a nuestra visión, muchos de nosotros nos encontramos en la posición embarazosa de admitir que no podemos encontrar esta fuente de paz, realización y satisfacción duraderas. Sí, claro, obtenemos atisbos fugaces de ella. Encontramos amor, éxito financiero, o un nuevo trabajo, y nos sentimos satisfechos durante un breve periodo de tiempo. Pero luego, en un abrir y cerrar de ojos, esa satisfacción desaparece. Esto se debe a que en el mundo del 1 por ciento, obtenemos solamente satisfacción *momentánea*, felicidad *efímera*, y gratificación *temporal*. Por eso continuamos esforzándonos, luchando, batallando para recrear ese sentimiento. Pero parece que nunca podemos hacer que dure. Y eso es porque . . .

. . . estamos tratando de manipular una sombra. Estamos literalmente enfocando nuestra atención hacia el lugar equivocado. La paz, la realización y la satisfacción *duraderas* no pueden encontrarse en el reino de sombras del 1 por ciento. De hecho, los placeres y la satisfacción que encontramos en el mundo del 1 por ciento son tan sólo un asomo, un simple indicio de la felicidad y la realización mucho más sustanciales que pueden encontrarse en la Luz del mundo del 99 por ciento.

Pero, he aquí de nuevo la pequeña broma.

El mundo del 99 por ciento se encuentra oculto.
Y ha sido ocultado de nosotros *intencionalmente*.
¿Intencionalmente? Sí. ¿Deliberadamente? Sí.
El mundo del 99 por ciento está oculto de nosotros por una razón. Está oculto de nosotros *para que*, *por elección nuestra y a través de nuestros propios esfuerzos, lo busquemos.*

El Modo Tradicional

Hace varios años, había un popular anuncio de televisión de un banco de inversiones que afirmaba: "Nosotros creamos dinero de la manera tradicional: lo *ganamos.*" La Kabbalah enseña que las riquezas espirituales deben también ganarse. El plan del universo dicta y requiere que entablemos una lucha diaria contra nuestra tendencia natural y egocéntrica de perseguir sólo aquellas cosas que nos enriquecen. Por nuestra propia elección y a través de nuestros propios esfuerzos, debemos vencer a aquello que nos viene de manera más natural. A decir verdad, esto no es algo fácil de hacer; pero éste es exactamente el punto. La Kabbalah nos enseña que lo que nos viene de forma fácil tiene poco valor. La riqueza —sea espiritual o material— que no haya sido ganada, es más probable que traiga pesar o vergüenza, que dicha o satisfacción.

Dicho de forma sencilla, lo único que se interpone entre el acceso al mundo del 99 por ciento y nosotros somos nosotros mismos. Luchando contra nuestra naturaleza del 1 por ciento iniciamos el proceso de ingreso a la Luz oculta del 99 por ciento. Es de lo que se trata todo esto. Y no te molestes en quejarte respecto a la idea de tener que *ganarte las recompensas que te pertocan antes de cosecharlas.* De acuerdo con la

Kabbalah, fuimos tú y yo quienes pedimos la oportunidad de ganarnos realmente todo el gozo y la felicidad que son nuestro destino máximo. Las almas de la humanidad deseaban un acuerdo en el cual el esfuerzo y la lucha fueran requeridos antes de que uno pudiera levantar el trofeo de campeonato. Cuando uno se detiene a pensar en todo esto, tiene mucho sentido. Después de todo, ¿realmente desearía alguien ganar un trofeo de campeonato sin haber jugado nunca un solo juego? "Jugar el juego" —luchando por ganar a lo largo de una larga y ardua temporada mientras se vencen obstáculos reales— es lo que le da significado y propósito a los conceptos de ganar y de victoria. Así que nuestra naturaleza del 1 por ciento es nuestro verdadero oponente, y el objetivo último del juego es lograr el acceso de forma voluntaria a ese 99 por ciento. No obstante, por fortuna, disponemos de unas cuantas herramientas para ayudarnos a alcanzar esa meta.

El Acceso al Mundo Oculto

El Zóhar es la guía, el manual de operaciones, el juego de herramientas que usamos para lograr el acceso al mundo oculto. Proporciona las técnicas para ver más allá de las sombras del 1 por ciento y revelar la Luz del 99 por ciento. Nos brinda los medios para descubrir ese manantial oculto del cual emanan todas las dichas y éxitos. Explica cómo podemos "entrar al sistema" del 99 por ciento y, lo que es más importante, cómo podemos mantenernos conectados a ese mundo para poder llevar una vida plena e implicada.

El Zóhar nos proporciona cientos de maneras para conectarnos a este mundo oculto.

Y una de las formas más poderosas se lleva a cabo mientras dormimos.

ALIMENTO PARA EL ALMA

Cuando un hombre duerme en su cama, su alma lo abandona para elevarse hacia las alturas, cada alma de acuerdo a su propio camino . . .
   —El Zóhar

A medida que el mundo se vuelve cada vez más y más dependiente de las computadoras portátiles, los teléfonos celulares y las agendas digitales, se vuelve un hábito muy arraigado en nosotros el enchufar todas las noches estos aparatos electrónicos con el objeto de que obtengan el poder para ayudarnos durante el día. Si no fueran recargados durante la noche, nuestros colaboradores electrónicos serían inútiles.

De forma similar, el alma debe conectarse a su fuente cada noche para poder colaborar con nosotros a medida que recorremos nuestro camino por la vida. Cuando dormimos, nos dice *El Zóhar*, una gran porción de nuestra alma deja nuestro cuerpo en el mundo del 1 por ciento para "enchufarse" al reino del 99 por ciento, dejando atrás la porción suficiente del alma para mantener a nuestros cuerpos libres de peligro. El sueño, por lo tanto, no es simplemente el tiempo durante el cual el cuerpo descansa; es un tiempo en el cual el alma tiene acceso a su fuente de poder. Sin esta recarga, sin dormir, nos volvemos letárgicos y confundidos. Somos incapaces de concentrarnos. Nos deprimimos. La "luz" parece haberse extinguido de nuestras vidas. Y efectivamente, sin el sueño, esto es exactamente lo que sucede: nuestra alma se aísla de la Luz y es incapaz de revitalizarse y renovarse, incapaz de enviar señales fuertes para guiarnos a través de nuestro camino espiritual único. El alma es nuestro dispositivo de posicionamiento espiritual, pero si es aislada de su fuente de poder, su influencia positiva sobre nuestra vida diaria se debilita.

A partir de ahí, empezamos a entender que nuestra alma es realmente una parte del mundo oculto, un pequeño fragmento de la Luz más grande. Este fragmento reside dentro de cada uno de nosotros. Como tal, mientras tengamos vida, el alma no puede extinguirse completamente. El alma —este fragmento de la Luz— es nuestra herencia, nuestro derecho inalienable, nuestra esperanza y nuestro potencial. Y nosotros, a la vez, somos sus custodios. Podemos alimentar y nutrir este potencial, y entonces crecerá. O podemos ignorarlo y, mediante un comportamiento negligente, ver cómo su influencia se va reduciendo a un murmullo apenas perceptible de su poder potencial.

Encontrando Nuestro Camino

El Zóhar nos enseña que todos hemos venido a este mundo para alimentar y nutrir nuestra conexión con el mundo oculto del 99 por ciento. Para ello, todos debemos pasar por un proceso de cambio y mejora constantes. Puesto que vivimos en el mundo del 1 por ciento, es tan sólo a través de nuestras propias acciones aquí que podemos dar prueba de estos cambios.

Pero, ¿cómo sabemos qué camino tomar? ¿Cómo descubrimos cuál es el camino correcto? En un mundo abarrotado de fechas límite e hipotecas, de facturas de gas y de productos, ¿cómo divisamos claramente el camino hacia los consejos de nuestra conciencia, de nuestra alma? ¿No sería agradable que pudiéramos obtener comunicaciones periódicas del mundo del 99 por ciento que nos aseguraran que vamos en la dirección correcta o que nos alertaran si nuestra orientación estuviese fallando?

El Zóhar nos dice que, de hecho, sí recibimos estas comunicaciones.

Se llaman Sueños.

"¡Tienes Correo!"

Cada sueño es un mensaje proveniente del mundo del 99 por ciento. Durante nuestras horas de vigilia, se libra una constante batalla entre la conciencia física del cuerpo, la cual busca la satisfacción material del mundo del 1 por ciento, y la conciencia del alma, que aspira al reino más elevado del 99 por ciento. Pero, durante el sueño, esta dinámica cambia. Durante el sueño, la conciencia del cuerpo es liberada, y el alma se encuentra entonces libre para visitar un reino que existe más allá del tiempo y del espacio. Los sueños son mensajes que recibimos cuando estamos menos apegados al mundo del 1 por ciento, cuando nuestras almas están elevadas. Un sueño es nuestro propio intrumento de navegación privado, el cual nos ayuda a trazar un recorrido a través de las tormentas de la vida diaria. Y por ello es que todo sueño merece nuestra atención.

Es importante reconocer, sin embargo, que algunos sueños están más apegados al mundo del 99 por ciento que otros. *El Zóhar* nos dice que existen varios niveles de sueños. Al igual que el correo electrónico, un sueño puede tener prioridad baja, normal o alta. Algunos sueños pueden incluso clasificarse como "correo basura." Y, dependiendo de la naturaleza espiritual de la persona que está soñando, cada sueño tiene al menos una pequeña mezcla de todas estas características. Incluso el sueño de más alta prioridad puede traer un poco de basura incluida.

Sueños "1 Por ciento," o "Naturales"

La forma más baja de sueño es la que llamamos el sueño "1 por ciento," o "Natural". Éste es un sueño que está apegado en su mayoría al mundo del 1 por ciento de nuestra experiencia diaria. Si tenemos fiebre y soñamos con incendios, éste es definitivamente un sueño 1 por ciento. Cuando estamos con mucha tensión en el trabajo, y soñamos que nos persigue un enemigo invisible, hay muchas posibilidades de que sea también un sueño 1 por ciento. Las ensoñaciones o el soñar despierto suelen caer también dentro de esta categoría. Los sueños naturales están directamente relacionados con las tensiones, ansiedades y presiones que experimentamos en nuestra vida durante el estado de vigilia. Son ecos psíquicos de nuestra experiencia, más que atisbos genuinos del futuro o indicios sobre nuestro destino. Los sueños naturales son muy frecuentes y generalizados, y sirven el útil propósito de liberar tensión y permitirnos una perspectiva adicional sobre la cual apoyarnos. Pero son una señal de que el alma no se ha elevado completamente durante el sueño; el mundo físico, el mundo del 1 por ciento, aún domina el mensaje.

Sueños "99 Por ciento" o "de Providencia"

Los sueños en el nivel medio se llaman del "99 por ciento" o "de Providencia". Éstos ocurren cuando nuestra alma tiene una buena conexión con el mundo del 99 por ciento y recibimos mensajes que contienen lecciones importantes o advertencias sobre nuestra salud espiritual, nuestro destino y sobre el futuro. Un sueño de Providencia nos ofrece una oportunidad de descubrir lo que necesitamos cambiar y corregir para poder elevarnos a nosotros mismos en nuestras vidas diarias.

Un sueño de Providencia viene de un reino en el cual nuestro pasado, presente y futuro están entretejidos en una sola tela. En el reino del 99 por ciento, el futuro ya ha ocurrido. Como consecuencia, el mensaje que recibimos en un sueño de Providencia nos proporciona un vistazo de lo que está por venir; o, más exactamente, nos ofrece una percepción de las consecuencias finales de nuestras acciones en el presente.

Imagina que te encuentras haciendo una caminata por un bosque muy denso y que cuentas con un "observador" que vuela por encima tuyo en un helicóptero. Este observador puede decirte hacia dónde te lleva el camino en el que te encuentras, si hay obstáculos más adelante, o si tu ruta termina en un mortífero pantano. Está claro que sería una locura hacer caso omiso del consejo del observador. De manera similar, *El Zóhar* nos dice que es imprudente ignorar la orientación que nos brinda un sueño de Providencia.

Los símbolos relevantes en un sueño de Providencia están a menudo entremezclados con lo insignificante y lo confuso. Aun así, deben llevarse a cabo todos los esfuerzos para recordar un sueño de Providencia. Afortunadamente, no es poco frecuente que nos despertemos en la mitad de la noche después de haber tenido un sueño de este tipo. Deberás anotar los sueños de Providencia con la mayor cantidad de detalles posible, aun cuando en un principio sus imágenes tengan poco sentido para ti. Luego, un maestro o intérprete cualificado será capaz de separar el trigo de la paja. Es precisamente en los detalles donde se puede encontrar el significado de estos sueños.

Sueños "Proféticos"

Los sueños más elevados se llaman sueños "Proféticos". Estos sueños son habitualmente muy claros y poco ambiguos, y son fácilmente recordados. Como su propio nombre indica, los sueños Proféticos son aquellos que prevén el futuro de forma muy precisa. Son el resultado de una conexión completa con el reino del 99 por ciento y son normalmente recibidos por aquellas personas que se han comprometido a dedicar su vida a la transformación espiritual.

El Zóhar nos dice que nuestras almas se elevan y se conectan con el reino del 99 por ciento "de acuerdo a nuestro propio mérito." Nadie nace perfecto. Cada uno de nosotros tiene obstáculos únicos que vencer. Estamos aquí, en esta Tierra, para perfeccionarnos. Los individuos que dedican sus horas de vigilia a revelar el reino del 99 por ciento mediante actos de compartir y actos desinteresados de caridad —los que trabajan duro para cambiar y mejorar— verán a sus almas llegar a alturas inalcanzables para aquellos que están menos entregados. Las acciones positivas despiertan mensajes proféticos verdaderos, mientras que los comportamientos negativos invocan mensajes engañosos y falsos sueños. Dicho de otra forma, cosechamos lo que sembramos. Un sueño Profético le llega sólo a quien se lo ha ganado.

Hay dos tipos de sueños Proféticos: Positivos y Negativos. Un sueño Profético Positivo predice un poco de lo bueno que está por suceder. Un sueño Profético Negativo trae amenazas de caos, destrucción o enfermedad. La profecía Positiva es inmutable; va a suceder. La profecía Negativa, por otro lado, puede ser influenciada y modificada.

Pesadillas

Generalmente, una pesadilla es un mensaje urgente que indica que se necesita un cambio de dirección. Una pesadilla es una gran señal amarilla de precaución en la carretera de la vida, que nos indica que debemos reducir la velocidad, estacionarnos y reflexionar acerca de lo que estamos haciendo en el mundo.

La conducta negativa en el mundo trae consecuencias. La avaricia, la autoindulgencia, el afán de venganza, y la ira traen consecuencias. Es importante entender, sin embargo, que una pesadilla NO es una consecuencia. Es simplemente una precaución, una advertencia de que hay peligro más adelante. Por muy aterradora que pueda ser una pesadilla, es solamente una señal. Las verdaderas consecuencias de nuestra negatividad son mucho peores que simples pesadillas. Enfermedades, ansiedad, dificultades financieras, e incluso la mala suerte, son todas consecuencias de nuestras acciones negativas o falta de acciones positivas en el mundo. *El Zóhar* nos dice que somos, en última instancia, responsables de casi cualquier cosa que nos pase.

O, dicho de otra forma, "Cosechamos lo que sembramos."

Por lo tanto, una pesadilla es, de hecho, una bendición. Como una señal de precaución muy bien ubicada, una pesadilla es a veces la única cosa que evita que nos estrellemos contra una pared de ladrillos o que nos salgamos de la carretera. Si le prestamos atención a la advertencia que nos proporciona —si tomamos medidas rigurosas para detener nuestras acciones negativas— evitaremos el verdadero dolor, inseguridad, y miedo en nuestras vidas diarias que la pesadilla tan sólo vino a insinuar.

El Canal del Alma

Los estudios científicos más modernos sobre el sueño han determinado que éste está compuesto de varias etapas, algunas de las cuales tienen una mayor semejanza con el estado de vigilia que las otras. *El Zóhar* también identifica varias etapas del sueño, pero nos ofrece una perspectiva diferente al respecto.

El Zóhar nos dice que, a medida que cae la noche, el alma empieza a elevarse y se va liberando gradualmente de la sujeción del mundo del 1 por ciento de nuestros cuerpos —del ego y de los deseos egoístas— para reunirse con el mundo del 99 por ciento. Reflejando esta dinámica, la calidad y la cantidad de mensajes que recibimos del mundo superior incrementan a medida que transcurre la noche. A medida que el alma se eleva, la conexión se vuelve mejor. Imagina que el mundo del 99 por ciento tiene un canal de televisión, el Canal del Alma, y que el mundo del 1 por ciento tiene otro canal, el Canal de la Ilusión. Ambos canales transmiten 24 horas al día, los siete días de la semana. El Canal del Alma transmite un bloque completo de una *convincente* programación educativa que está específicamente dirigida a cada uno de los espectadores. Si tú y yo tuviéramos sintonizado el Canal del Alma al mismo tiempo, lo que tú estarías viendo sería distinto a lo que yo vería.

Por otra parte, el Canal de la Ilusión transmite lo mismo para todos: noticias, comedias, deportes, drama, y un sin fin de publicidad de productos que prometen hacernos instantáneamente más delgados, más ricos y más hermosos. Es entretenido, es cautivador y, más que nada, es ruidoso. Cuando tenemos sintonizado el Canal de la Ilusión, casi ninguna otra cosa puede captar nuestra atención.

De noche, sin embargo, se abre una oportunidad para cada uno de nosotros. Cuando dormimos, mejora nuestra recepción del Canal del Alma. No es que la señal se haga más fuerte; al contrario, ésta permanece igual. Lo que ha cambiado somos *nosotros*. Al perder la conciencia del cuerpo, el ruido y el tumulto del Canal de la Ilusión se desvanecen, y nuestro "receptor" —nuestra alma— se acerca hacia la frecuencia más alta, con la que el Canal del Alma transmite su señal. Nuestro "receptor" —el alma— se eleva para encontrarse con esa señal, que ha estado ahí todo este tiempo.

El Zóhar nos dice que las horas entre las 2 de la madrugada y el amanecer son las mejores para recibir una imagen clara proveniente del Canal del Alma. Es durante estas horas que estamos menos sintonizados con nuestro cuerpo y más sintonizados con nuestra alma. Además, las noches de viernes y las tardes de sábado son particularmente ventajosas para la conexión. Durante estas horas, la señal transmitida es "amplificada", creando así una oportunidad extra para recoger la información que necesitamos para transformarnos.

EL MANEJO DE LOS SUEÑOS

El Zóhar ofrece una gran cantidad de técnicas con las cuales mejorar la claridad y eficacia de nuestros sueños. Ya debería estar claro, sin embargo, que la responsabilidad de progresar en esto, como en cualquier otra aspiración espiritual, es toda nuestra. Para desarrollar la calidad de nuestros sueños, para mejorar nuestras vidas tanto espiritualmente como materialmente, necesitamos transformarnos a nosotros mismos.

Cuántas veces escuchamos decir a las personas: *"Quiero ser diferente. Quiero sentir satisfacción y paz duraderas. Quisiera tener menos caos en mi vida, menos ansiedad"*. Estos anhelos son razonables, pero lo que las personas realmente quieren decir es esto: *"Quiero ser diferente. Pero no me pidan que cambie."*

El Zóhar nos dice que todos poseemos la habilidad de cambiar nuestra conducta y al mundo. Está dentro de nuestro alcance el poder lograrlo. Y, al cambiar nuestra conducta, nos acercamos a ese manantial de paz y satisfacción duraderas. Al ser honestos con nosotros mismos —arrancando de raíz el autoengaño, la ira, la intolerancia, la codicia, el resentimiento, la obstinación y el engreimiento— y, principalmente, *al ayudar a los demás*, estamos tomando los pasos necesarios para abrirnos camino hacia el Mundo Oculto.

Sin embargo, no te equivoques: el objetivo de la transformación no está motivado de ninguna manera, forma o modo por conceptos morales o éticos. En absoluto. Al contrario, está basado en el concepto de la codicia. ¿Codicia? Sí, codicia, pero no por los placeres ilusorios fugaces que satisfacen a nuestro ego. Puedes estar seguro de que si la codicia del ego produjera satisfacción inagotable y eterna, los kabbalistas a lo largo de la historia habrían sido las personas más egocéntricas y autoindulgentes en el planeta. Pero la gratificación del ego siempre conlleva caos en alguna parte. Viene con un costo. Por lo tanto, los kabbalistas desplazan la codicia de su ego a su alma; de los placeres temporales del 1 por ciento a los goces eternos que fluyen del 99 por ciento. Así es que, la próxima vez que te des cuenta de que tienes que cambiar un aspecto negativo de tu naturaleza, no te motives con los principios morales ni con la ética. Reconoce, más bien, que es una inversión astuta e inteligente que arroja dividendos para toda la eternidad. Y entiende el principio Kabbalístico que dice que si queremos "enchufarnos" al reino del 99 por ciento para experimentar placer y satisfacción auténticos de los que no se agotan, primero deberemos hacer el "trabajo rutinario."

Antes de Dormir

El Zóhar nos dice que cuando nos despertamos en la mañana, hemos renacido. Somos, literalmente, una nueva creación. Sin embargo, si esto es así, ¿cómo es que aún llevamos tanto "equipaje" del día anterior? ¿Por qué continuamos sintiéndonos ansiosos, enojados o deprimidos casi tan pronto como abrimos los ojos?

La respuesta es que hemos fallado en sacar la "basura" la noche anterior. Esa "basura" es nuestra negatividad, nuestra falta de bondad hacia los demás, nuestra desatención hacia nuestra misión espiritual. Para eliminar esta "basura", es necesario que volquemos nuestros pensamientos hacia adentro y que tomemos la responsabilidad de nuestras acciones.

Antes de irnos a la cama, antes de dormirnos, debemos tomar unos momentos para contemplar y cuestionar seriamente el modo en que hemos actuado durante el día. ¿Cómo pudimos haber ayudado más a los demás? ¿En qué momentos nos tropezamos con nuestro propio orgullo, egoísmo o impaciencia? ¿Pudimos haber sido más afectuosos o más comprensivos con nuestras parejas o colegas? ¿Reaccionamos con pasión cuando deberíamos haber mostrado compasión? ¿Qué podemos hacer para reparar y rectificar nuestros errores? ¿Qué acciones podemos tomar en los días venideros para acercarnos más al mundo del 99 por ciento?

Las preguntas introspectivas tales como éstas apuntan hacia un deseo responsable y sincero de transformarnos a nosotros mismos. Al evaluar proactivamente nuestra conducta cada noche y tomar responsabilidad por nuestras acciones diarias, limpiamos la basura negativa que impide que nuestras almas se conecten completamente con el reino del 99 por ciento, en el cual podemos encontrar la orientación que buscamos. Cuanto más específicas sean nuestras preguntas, más precisas serán las respuestas del sueño.

Otra herramienta más para establecer una conexión clara con el alma puede encontrarse en la Oración y la Meditación. Sugerimos una meditación que se enfoca en una combinación especial de tres letras Arameas de Los 72 Nombres de Dios. Los kabbalistas explican que las 22 letras del alfabeto arameo son el "ADN espiritual" detrás de toda la materia. Estas 22 letras existieron antes de la Creación, y fueron usadas como medios para transferir energía de los Mundos Superiores —del 99%— a nuestro mundo físico del 1%. Estas tres letras —Lámed, Lámed, y Hey— tienen una energía específica relacionada con los sueños.

Aun cuando una simple ojeada a las letras anteriores tiene de por sí un efecto limpiador, te sugerimos que dediques un rato a concentrarte en ellas mientras enfocas tu atención en la siguiente meditación:

Estás en paz.

A medida que te duermes, aclaras tu mente y permites que la Luz penetre en tus sueños.

Permite que tu alma se abra a la verdad, al amor. Siente su ascenso.

Deja ir el caos diario, la renovación es tuya.

Te despertarás en la mañana elevado y recargado. Tu cuerpo y tu mente serán más sabios.

Durante el Sueño

Algunos de nosotros podemos descubrir que somos capaces de dirigir o de cambiar nuestros sueños *a medida que van sucediendo*. Éste es un regalo que queda habitualmente reservado para aquellos que han logrado un nivel muy elevado de transformación espiritual. Aun así, todos podemos entrenarnos para adquirir esta habilidad enfocando nuestra atención, a medida que nos vamos quedando dormidos, en una pregunta o problema espiritual específico. A medida que nos vamos dejando llevar por el sueño, el alma se libera de la atadura del cuerpo llevándose nuestras preguntas, y llega al lugar exacto en donde se encuentran las respuestas y soluciones. Los individuos verdaderamente evolucionados e iluminados poseen la habilidad de poner en acción estas respuestas *mientras están soñando*. Las personas elevadas pueden transformar la negatividad allí mismo, evitando así que penetre al mundo del 1 por ciento. El resto de nosotros, sin embargo, debe aplicar las soluciones que encontramos en los sueños sólo cuando volvemos a emerger en el mundo de la vigilia.

Posteriormente

Sé proactivo. Tenemos sueños por una razón. Si eres lo suficientemente afortunado como para recibir un mensaje claro en tus sueños, pon la información en funcionamiento. Saber la respuesta no es el final del trabajo. La parte dura, para todos nosotros, es efectuar los cambios sugeridos por el sueño. Pero recuerda: mientras más difícil sea el cambio, más Luz será revelada.

Los cambios más difíciles son a menudo aquellos que debemos hacer internamente: el compromiso de resistirnos a la ira, la envidia, o a otras emociones negativas que se han convertido en hábitos arraigados a las personas. El deshacerse de las emociones negativas requiere que provoquemos un cortocircuito en las conductas que nos proporcionan una "verdadera recarga" pero que nos dejan sintiéndonos agotados y conmocionados. Al resistirte a estas conductas, se abre un nuevo canal hacia el Mundo Superior, donde se localiza la verdadera fuente de poder.

Eliminando el Juicio

Los sueños aterradores son inolvidables. Afortunadamente, *El Zóhar* proporciona varias técnicas con las cuales transformar la negatividad sugerida por tales sueños.

El primer método es sorprendentemente simple: ayuda a otra persona. Esto puede tomar la forma de una "buena acción", tal como servir de voluntario en un hospital o en un centro para personas sin hogar, o bien donando dinero o tiempo para alguien que lo necesita. Las oportunidades para hacer trabajo de caridad están por doquier. Pueden también incluir simples e inesperados actos de compartir con nuestros amigos o, mejor aun, con nuestros enemigos. Sea como sea, es mejor hacer esto en la mañana siguiente al sueño, o tan pronto como te sea posible después de tenerlo.

En el caso de un sueño extremadamente negativo, hay acciones específicas que pueden llevarse a cabo para reducir las posibilidades de que suceda. Para mayor información sobre estos procedimientos, comunícate con tu Centro de Kabbalah más cercano.

INTERPRETANDO LOS SUEÑOS

La Oportunidad Toca a la Puerta

Los sueños nos ofrecen una oportunidad única de cambiar, ajustar y transformar nuestra conciencia. A medida que hacemos estas correcciones, fortalecemos nuestra conexión con el mundo del 99 por ciento, haciendo posible recibir sueños aún más claros y mayor satisfacción en nuestras vidas. En otras palabras, cuanto más trabajo "sucio" transformacional hagamos durante el día, más podremos elevar nuestra alma durante la noche. De forma similar, mientras más elevada esté el alma durante la noche, más claras serán las señales que recibamos con respecto a nuestros ajustes diarios. En resumen, los sueños nos ofrecen la oportunidad de permitir que una espiral ascendente de transformación espiritual y un constante aumento del voltaje de Luz espiritual penetren en nuestras vidas.

Pero para poder aprovechar esta oportunidad, debemos saber lo que nos están diciendo nuestros sueños.

Si no comprendemos los mensajes que se nos están transmitiendo a través de nuestros sueños, nos perdemos el camino específico de corrección que vinimos a lograr en este mundo. Si las situaciones negativas se quedan sin resolver y si nuestro carácter permanece sin cambio alguno, la puerta quedará abierta para que el caos y la negatividad se manifiesten en nuestras vidas. Claramente, la interpretación correcta de un sueño es extremadamente importante.

De hecho, *El Zóhar* nos dice que *la interpretación del sueño es más importante que el sueño en sí.*

Un Cuento de Advertencia

Los sabios de la antigüedad nos cuentan que había 24 intérpretes de sueños en Jerusalem en la época del Segundo Gran Templo, hace alrededor de unos 2.000 años. Una vez, un hombre visitó a cada uno de los intérpretes y le contó a cada uno de ellos el mismo sueño. Para su sorpresa, ¡recibió 24 interpretaciones distintas! Y lo que es todavía más asombroso, *¡todas las interpretaciones se hicieron realidad!*

¿Cómo podía ser esto? Si todas las interpretaciones eran diferentes, ¿cómo podían ser todas correctas?

La respuesta es que NINGUNA era correcta. La verdad es que incluso una interpretación errónea de un sueño puede llegar a manifestarse en el mundo. O, como dice *El Zóhar*:

> *"Un sueño contiene verdad y mentiras; por lo tanto, las palabras de interpretación prevalecen sobre todo lo demás, en cuanto a que son lo que determina si será la parte verdadera o la falsa la que prevalecerá."*

Piensa en ello de esta forma: todo símbolo en un sueño tiene energía potencial, y su interpretación activa ese potencial en el mundo físico. Si tenemos un buen sueño y no se lo contamos a un intérprete, ese sueño permanecerá en un estado de potencial; es decir, la energía positiva del sueño no se manifestará en el mundo, y se habrá perdido una oportunidad para la transformación. A pesar de lo angustiante que esto pueda parecer, es aun más preocupante si se activa una interpretación negativa o incorrecta. Debe ejercerse precaución a la hora de escoger a un intérprete, pues de la misma forma en que éste puede activar una interpretación incorrecta o negativa en el mundo, también puede activar una positiva o certera.

Eligiendo a un Intérprete

Debes considerar dos factores a la hora de escoger a una persona para que interprete tus sueños:

1. Escoge a alguien que te quiera.

Una persona que verdaderamente nos quiera siempre nos interpretará un sueño viendo su lado más positivo. O, como dice *El Zóhar*:

> *"Hemos aprendido que cuando un hombre ha tenido un sueño, deberá liberarse de esa carga ante hombres que sean sus amigos, para que éstos le expresen sus buenos deseos y manifiesten palabras de buen augurio."*

"De esta manera, los amigos de un hombre deberán ratificar la buena interpretación y así todo estará bien."

Ten en cuenta que esto no siempre resulta tan fácil como parece. Incluso nuestros amigos más cercanos y nuestros seres queridos pueden inconscientemente darle un significado a un sueño que tiene más que ver con *sus* esperanzas y miedos más profundos que con los nuestros. Todos somos culpables de esto. Es muy difícil mantener a raya a nuestros egos cuando escuchamos el sueño de un amigo; es difícil sacarnos a nosotros mismos de la interpretación. Una interpretación puramente desinteresada requiere un nivel de altruismo y caridad que no todos hemos alcanzado. Lo cual nos lleva al segundo factor a considerar a la hora de escoger un intérprete . . .

2. Elige a alguien con un nivel elevado de espiritualidad.
La persona que escojamos para que interprete nuestro sueño deberá tener conocimiento sobre el ámbito espiritual y sobre los conceptos de la interpretación de sueños. Los individuos que han dedicado su vida al

cambio espiritual, que llevan a cabo el trabajo que se requiere para elevar el alma y revelar el mundo del 99 por ciento, son aquellos que pueden ofrecer una interpretación tanto positiva como esclarecedora. Gracias a su conocimiento y su elevado nivel de espiritualidad, son capaces de activar la energía más positiva posible, aun en el sueño más negativo.

Claramente, una persona que combina las cualidades de amistad y que es elevada espiritualmente, resulta la opción ideal. A menudo se pueden encontrar estos rasgos en un maestro respetado, alguien que esté familiarizado con nosotros personal y espiritualmente, y que entienda tanto nuestras aspiraciones como nuestros defectos.

LOS SÍMBOLOS DE LOS SUEÑOS Y SU INTERPRETACIÓN

Los intérpretes kabbalísticos de sueños desaconsejan la aplicación de reglas inflexibles al significado de un símbolo específico en un sueño. El contexto de cada símbolo, así como la personalidad de quien tuvo el sueño, su historia, y las circunstancias recientes, pueden modificar o inclusive invertir su significado. Como dice el viejo proverbio: "El placer de uno es el dolor de otro." En otras palabras, la aparición de una serpiente en un sueño puede tener diferentes significados para diferentes personas, dependiendo de lo que suceda en el sueño y del carácter de la persona que tuvo el sueño. Esto se complica aún más con los símbolos que aparecen combinados. Por estos motivos, nunca debemos interpretar un sueño nosotros mismos. En su lugar, debemos escribir el sueño con la mayor cantidad de detalles posible y buscar la ayuda de un maestro cualificado. Y recuerda:

Podemos actuar sobre los sueños negativos y modificarlos.

Un sueño negativo no es absoluto; es una llamada a entrar en acción. No importan los pormenores del mensaje, nosotros tenemos la capacidad y la fuerza suficiente para convertir lo negativo en positivo, para transformar nuestra conducta en el mundo, para superar la debilidad. Nunca se nos pedirá que transformemos algo que no estamos equipados para cambiar.

Los siguientes ejemplos son sólo una guía preliminar:

Plantas

Árboles

Los árboles son símbolos muy poderosos. Si los árboles están caídos o arrancados de raíz, es casi siempre una advertencia de problemas inminentes, pánico o conflicto, ya sea para la persona que tiene el sueño o para la comunidad. Trepar un árbol es un indicio de que habrá un honor muy próximo en tu vida. Un árbol florecido es una señal positiva que indica buena suerte. Cuando vemos frutos en un árbol, es habitualmente una llamada para conectarse y colaborar con una persona de interés, que se halla representada simbólicamente por el árbol.

Trigo y Cebada

Los sueños que contienen trigo y cebada son casi siempre positivos. El trigo anuncia circunstancias mejores y paz. La cebada presagia negatividad invertida e indica una transformación de nuestra conducta y la corrección de errores pasados.

Animales

La interpretación de los símbolos representados por animales a menudo depende de la relación de la persona que tiene el sueño con el animal que aparece en él. Por ejemplo, si estás guiando al animal, la interpretación será distinta de la que obtendrás si estás siendo perseguido por el animal.

León

Si nos vemos a nosotros mismos ganando una lucha con un león, esto anuncia nuestro éxito sobre un adversario. En cambio, si nos vemos a nosotros mismos recostados al lado de un león, indica que nuestro enemigo se convertirá en nuestro amigo y que prevalecerá la paz entre ambos.

Ciervo

Los ciervos casi siempre simbolizan inocencia. Matar un ciervo en un sueño es una advertencia para que tengas cuidado de no derramar sangre inocente y también puede ser indicio del peligro de herir a alguien —física o emocionalmente— que no lo merezca. Si recibimos un ciervo como regalo, nos aguardan la felicidad y la prominencia.

Aves

Casi todas las especies de aves, con la posible excepción de la lechuza y el pelícano, son signos favorables. Los gansos auguran honor y sabiduría. Capturar un halcón en un sueño es presagio de inminente buena fortuna. El solo hecho de ver un águila en pleno vuelo anuncia prominencia y respeto. Un cuervo que vuela hacia nosotros es garantía de una inminente entrada de sustento espiritual o físico.

Huevos

Los huevos representan el deseo o las aspiraciones del que sueña. Un huevo sin partir generalmente indica un deseo que continúa sin realizarse, o una solicitud o necesidad que permanece sin resolverse. Un huevo partido presagia el cumplimiento de una petición, una esperanza que se hace realidad. Vale igual para cualquier cosa que pueda abrirse partiéndola, tal como una nuez, un tarro de vidrio o un florero. Si están enteros, su contenido permanece oculto; al partirse, su contenido se revela.

Elementos

Agua

El agua tiene muchos significados distintos, dependiendo del contexto. A veces significa purificación; en otras ocasiones simboliza inundación, pérdida del control y caos. Soñar con una refrescante lluvia es generalmente un indicio de que las circunstancias mejoran o de buenas noticias. Si nos vemos a nosotros mismos bebiendo agua limpia y clara es muy positivo, ya que indica tranquilidad, gozo y paz, especialmente si el agua se toma de un manantial o pozo. Nadar en un mar o piscina en calma es también una señal positiva, indicando una inminente

unión con personas espiritualmente ilumi-
nadas. Por otro lado, el agua turbulenta o
torrencial es considerada negativa, un presagio de dificultades.

Tierra

Si gozamos de buena salud y nos vemos a
nosotros mismos transportando tierra o
cavando en ella, el sueño es generalmente
neutro. Si nuestra salud es mala, es una
señal de advertencia sobre nuestra condi-
ción física que nos dice que se requiere
acción por nuestra parte para corregir una
debilidad física o espiritual latente.

Fuego

El fuego es considerado una fuerza destruc-
tiva e indomable, y soñar con fuego puede
indicar problemas para la comunidad, la
nación o para la persona que tuvo el sueño.
Si vemos nuestra propia casa en llamas, por
ejemplo, suele ser indicio de una disputa o

discusión inminente. Por otro lado, el fuego domesticado para nuestro propio uso, tal como el de una vela o chimenea, denota espiritualidad. Encender una vela en un sueño es una señal positiva; apagarla es negativa.

Viento

El viento también tiene una naturaleza dual, dependiendo de su contexto. Ser levantado por el viento puede presagiar un ascenso a una posición en la cual ejerceremos autoridad o estaremos al mando. En contraste, un viento maligno puede advertir sobre devastación, enfermedad o disputas.

Ejemplo de un Sueño y su Interpretación

Un estudiante del Centro de Kabbalah describió el siguiente sueño:

"Yo estaba en el salón de mi casa, y llevaba puesta una camiseta verde y sandalias. Un animal salvaje de aspecto malvado bajó por la pared del cuarto y se puso a caminar hacia mí. Después, el animal se transformó en un gato, y luego en un león que veía a través de mí. Asustado, me desperté. Eran las 3:30 de la madrugada."

Es decididamente una ventaja conocer la personalidad y las circunstancias de la persona que sueña a la hora de interpretar un sueño. En este caso, tenía la buena suerte de conocer bien al estudiante. Él era una persona que trabajaba duramente para transformarse espiritualmente, tenía un negocio exitoso con su hermano, gozaba de buena salud y tenía una relación sólida y estable con su esposa e hijos.

Empecé por pedirle al estudiante que recordara la mayor cantidad de detalles del sueño como le fuera posible, y descubrí que las imágenes eran muy claras, con colores vibrantes. La claridad de un sueño es a menudo un buen indicador de su nivel de veracidad; a mayor claridad, mayor será la veracidad del sueño.

Puesto que las imágenes eran claras, y dado que yo sabía que este estudiante era espiritualmente sincero y aplicado, sospeché que el sueño era ciertamente una advertencia real de un problema inminente. Era evidente que el sueño había asustado al estudiante, pero a través de su lenguaje corporal, pude sentir que su miedo no era el miedo profundo "del alma" que comúnmente se asocia con una profecía extremadamente negativa. En otras palabras, su sueño le estaba advirtiendo de un problema que necesitaba ser enfrentado, pero ni él ni los miembros de su familia se encontraban en grave peligro.

Luego le pregunté al estudiante si él había "dirigido" su sueño de alguna forma antes de dormirse, si había formulado alguna pregunta específica. Respondió que no lo había hecho, pero que sí recordaba que había estado esperando, de una forma muy general, alguna orientación con respecto a la empresa de la que era dueño junto con su hermano. Ésta era una pieza clave de información que me permitió empezar a arrancar las capas del sueño para descubrir su significado esencial.

El mensaje esencial del sueño tenía sus raíces en la transformación de los tres animales: de animal salvaje a gato a león. Puesto que esta transformación tuvo lugar en el salón de la casa del estudiante —una habitación profundamente asociada con la familia— supe que el sueño estaba enfocado hacia la familia. Puesto que había mencionado que buscaba orientación sobre su negocio, y dado que yo sabía que su hermano también estaba involucrado en el mismo negocio que él, tenía la fuerte sensación de que él había recibido un mensaje que estaba relacionado con esta área de su vida.

El primer animal en el sueño del estudiante era un animal salvaje, una bestia aterradora. Éste es un símbolo habitual en los sueños que hace referencia a un enemigo o adversario que está conspirando en contra nuestra o bien mintiéndonos. Este animal se convirtió después en un gato. Un gato puede querer decir que un decreto o juicio ha sido eliminado. La negatividad entra a nuestras vidas debido a las acciones negativas o a la inactividad espiritual por nuestra parte. El hecho de que el animal salvaje se convirtiera en un gato indicaba que la negatividad del adversario conspirador sería eliminada. Esta idea fue amplificada por la transformación del gato en un pacífico león, un símbolo del triunfo sobre la adversidad.

Concretamente, el sueño le estaba advirtiendo al estudiante que su hermano estaba planeando o bien estaba actualmente involucrado en un acto que era perjudicial para el negocio y para el bienestar espiritual de la persona que tuvo el sueño. Sería necesario separarse del hermano como un acto de autoprotección. El resultado de esta separación sería positivo. Todo esto se desarrollaría dentro de los dos meses siguientes.

Sugerí al estudiante que empezara a salirse del negocio que tenía con su hermano y además le aconsejé que, para poder eliminar la negatividad que su hermano estaba introduciendo en su vida, necesitaría invertir en obras de caridad comunitarias.

Durante las siguientes semanas, se descubrió que el

hermano del estudiante había estado efectivamente haciendo compras ilegales a través de la compañía. Cuando supo de ello, el estudiante confrontó a su hermano, y con la ayuda e influencia del clan familiar, se tomó la decisión de que el hermano dejara el negocio y se embarcara en otro proyecto.

Mi Sueño

Es mi esperanza que, a medida que hayas girado cada una de las páginas de este libro, hayas ido descubriendo gradualmente que los sueños pueden ser instrumentos muy potentes para guiarnos y dirigirnos a través del laberinto de la vida. Desde el momento en que empecé a ahondar profundamente en la sabiduría de la Kabbalah, ha sido mi sueño personal el poder compartir esta sabiduría y sus herramientas con la mayor cantidad de personas posible.

Piensa en esto: tenemos una variedad de herramientas que nos ayudan a funcionar en la vida, como computadoras, medicinas, gimnasios, comida saludable, y muchas cosas más. Y los adelantos tecnológicos nos han ayudado a enriquecer nuestras vidas de diversas maneras. Desde el primer telégrafo hasta el teléfono celular e Internet, la tecnología nos ha ayudado a conquistar el tiempo y el espacio, permitiéndonos la comunicación instantánea con personas de todo del mundo. Pero, ¿qué herramientas o tecnología podemos usar para crecer y para satisfacer otros aspectos de nuestras vidas, para ayudarnos a comunicarnos con nuestra propia alma y con la realidad del 99 por ciento? Esta pregunta es la verdadera razón por la cual estoy tan emocionado y apasionado por la Kabbalah. La Kabbalah es una tecnología: una tecnología para el alma. Las diversas herramientas de la Kabbalah, tales como Los 72 Nombres de Dios, El Hilo Rojo, *El Zóhar*, y este Libro de Sueños, nos ofrecen una metodología para enriquecer nuestras vidas y para lograr nuestro destino máximo, que es la satisfacción y el gozo imperecederos. A pesar de que esta tecnología tiene unos 4.000 años de antigüedad, está mucho más adelantada que los más recientes descubrimientos de la ciencia médica y la física. Pero, como siempre nos han dicho los kabbalistas de la historia, los resultados son los que cuentan. En otras palabras, cuando aplicamos esta tecnología a nuestras vidas, los resultados deben estar presentes al 100 por ciento. Si no fuera así, ¿quién, entonces, necesitaría de la Kabbalah? Así pues, te invito a aplicar las ideas de este libro en tu vida personal y a soñar en grande. Espera y demanda resultados a cada paso del camino. ¡Y recuerda, 'la vida es sueño'!

Otros Símbolos y Sus Significados: Una Lista Breve

Sueño	Interpretación
Temas Comunes	
Persona fallecida nos da algo	Positivo; un canal a la Luz
Serpiente	Positivo; habitualmente se refiere a dinero o sustento
Maremoto (Tsunami)	Posible destrucción
Sexo con la madre	Positivo; elevación del entendimiento o la espiritualidad
Huevo	Positivo; solicitud escuchada
Volar	Positivo; elevarte por encima de tu naturaleza
Dientes que se caen	Generalmente negativo, se necesita una corrección
Antiguo novio	Aferrarse al pasado; un viejo asunto se vuelve relevante de nuevo
Vela que se apaga	Necesidad de atención
Casado(a) pero sueñas que estás soltero(a)	Carencia real; no estás incluyendo a tu pareja en tu vida; no estás compartiendo

Sueño	Interpretación
Construyendo una puerta de entrada	Matrimonio en camino
Ingresando a una metrópolis	Tus necesidades serán satisfechas
Ciudad sin muros	A salvo de problemas
Arrestado(a)	A salvo de hacerte daño
Observando desde un lugar en alto	Positivo; larga vida
Necesidad de orinar	Incapacidad de expresarse en un área
Volar y luego caer	Perder una oportunidad
Los frenos del auto no funcionan	Pérdida de control sobre tu vida
Cortarse el pelo; recortarse la barba	De la oscuridad al crecimiento; una referencia a la calidez de los amigos y familia
Persona sana dando a luz	Positivo; vida extra
El color azul celeste	Negativo; el resultado de la mala voluntad de otra persona

Sueño	Interpretación
Sueños sobre Casas	
Destruir tu vieja casa	Positivo; avance espiritual
Construir una nueva casa	Positivo
Mudarse a una bonita casa	Positivo; el receptáculo espiritual está creciendo
Techo en llamas/pared que cae	Posiblemente necesites corrección
Edificios altos	Positivo; mientras más altos, mejor
La casa de otra persona	Un mensaje de esa persona para ti
Casa anterior	Aferrarse al pasado; un viejo asunto se vuelve relevante de nuevo
Sala de estar	Problema con la familia
Dormitorio	Problema con la pareja
Sótano	Problema con la vida sexual
Destruyendo una nueva casa	Señal negativa
Destruyendo una vieja casa	Señal positiva; progresar
Casa bien decorada	Positivo; felicidad y tranquilidad

Sueño	Interpretación
Caída de las paredes de la casa	Negativo; problemas que se aproximan
Subir al techo	Positivo; elevarse a la eminencia

Cada habitación de la casa puede también hacer referencia a una parte del cuerpo en particular.

Sueños Mórbidos

Persona fallecida nos quita algo	Elimina nuestra habilidad de recibir
Persona fallecida nos quita nuestros zapatos	Negativo; se necesita una corrección
Persona fallecida nos besa/abraza	Positivo
Persona fallecida muerde	Necesita atención
Persona fallecida nos da un cuchillo/pistola	Positivo; protegido(a) espiritualmente
Persona fallecida fallece de nuevo	Un miembro de la familia con el mismo nombre necesita corrección
Prometido(a) fallece	Retraso en el matrimonio
Familiar inmediato fallece	Esa persona tendrá una vida más larga

Sueño	Interpretación
Familiar no inmediato fallece	Posiblemente necesite corrección
Ser enterrado(a)	Pérdida de dinero, pero NO significa muerte
La propia muerte	Positivo: vida más larga
Sueños con Animales	
Toro o vaca pastando	Se avecinan mejores tiempos
Toro o vaca durmiendo	Se avecinan tiempos difíciles
Camello	A salvo de la muerte
Cerdo	Aumento en las riquezas
Caballos	Fuerza o sabiduría
Mula	Pobreza
Lobo	Aparece un enemigo
Ratón	Encontrar a alguien nuevo e importante
Escorpión	Disputa
Elefante	Positivo; una solicitud ha sido escuchada
Bestias malignas	Mentiras dichas sobre ti
León	Generalmente positivo
Abejas	Ataque enemigo
Moscas	Robo

Sueño	Interpretación
Sueños con Aves	
Ganso	Honor; sabiduría
Aves peleando	Pleito
Comerse un pájaro	Positivo
Gallo	Hijo varón inminente
Águila	Grandeza
Cuervos	Movimiento hacia el entendimiento o el sustento
Lechuza	Pérdida
Ver un halcón	Generalmente negativo
Capturar un halcón	Muy positivo
Sueños sobre Ropa	
Perder la ropa	Significa una pérdida
Mujer en ropa de hombre	Ella heredará tus riquezas
Ropa negra, roja o azul	Puede significar problemas
Llevar puesto un chal de plegarias	Te casarás
Llevar puesta una corona real	Pronto te vendrá buena fortuna
Ropa rasgada	Un decreto o enjuiciamiento ha sido eliminado
Ropa quemada	Obtendrás ganancias

Sueño	Interpretación
Coser ropa	Decisión legal; a menudo tiene que ver con construir una casa
Desvestirse cuando se está enfermo(a)	Señal positiva para la salud espiritual o física
Vestido(a) de seda	Las personas te tendrán envidia
Sueños sobre el Cuerpo	
Canibalismo	Ten cuidado de tu odio hacia los amigos
Verse como tonto	Señal espiritual positiva
Pezones cortados	Señal de problemas
Sangre proveniente de tu propio cuerpo	Juicio que se elimina
Barba arrancada de raíz	Ganarse una muy mala reputación
Antebrazos	Serás amado(a)
Verse a uno mismo enfermo	Te regocijarás durante el año
Verse a uno mismo volverse ritualmente puro	Una señal negativa
Descalzo(a)	Una pérdida
Sangrar por la nariz	Pérdida y recuperación

Para una consulta gratuita sobre tus sueños, más información u otras tecnologías para el alma, por favor visita el sitio
www.72.com —el sitio oficial del autor de éxito en ventas
Yehudá Berg— y descubre la tecnología más antigua del
mundo para lograr una transformación real.

Si este libro te ha inspirado de cualquier forma y deseas saber cómo puedes continuar enriqueciendo tu vida a través del poder de Kabbalah, puedes hacer lo siguiente: Lee el libro *El Poder de Kabbalah* o escucha las cintas de audio de *El Poder de Kabbalah*.

El Poder de Kabbalah

Imagina una vida llena de felicidad, propósito y alegría infinitos. Imagina tus días imbuidos de conocimiento y energía. Este es *El Poder de Kabbalah*. Es el camino que te transporta del placer efímero que la mayoría de la gente experimenta, a la plenitud duradera. Tus deseos más profundos están esperando a ser cumplidos. Pero estos deseos no se limitan a la satisfacción que obtienes cuando cierras un trato comercial, ni al goce a corto plazo que te hacen sentir las drogas, ni a una apasionada relación sexual que dura unos pocos meses.

¿Te gustaría experimentar una sensación duradera de plenitud y paz inquebrantables, sin importar lo que suceda a tu alrededor? La promesa de la Kabbalah es la plenitud absoluta. En estas páginas aprenderás a percibir y a navegar por las aguas de la vida de una manera absolutamente novedosa. Entenderás tu misión, y sabrás cómo recibir los abundantes regalos que te están esperando. Si comienzas una transformación fundamental, y pasas de ser reactivo a ser proactivo, aumentarás tu energía creativa, tendrás el control de tu vida y disfrutarás de los nuevos niveles espirituales de existencia. Las antiguas enseñanzas de la Kabbalah están arraigadas en la perfecta unión de las leyes físicas y espirituales que ya están operando en tu vida. Prepárate para vivir este emocionante mundo de conciencia, pletórico de sentido y felicidad.

Las maravillas y la sabiduría de la Kabbalah han influido en las ideas espirituales filosóficas, religiosas y científicas de diversos líderes en el mundo. Sin embargo, hasta ahora, esa sabiduría ha estado oculta en textos antiguos, disponibles sólo para los eruditos que sabían donde buscarlos. Ahora, después de muchos siglos, *El Poder de*

Kabbalah está en este valioso libro. Por fin, está aquí el camino simple y completo: una serie de medidas que puedes tomar ahora mismo para crear la vida que deseas y mereces.

Serie de Cintas de Audio *El Poder de Kabbalah*

El Poder de Kabbalah es un manual del usuario para el universo. Ves más allá de donde estás ahora y alcanza el lugar al que quieres llegar, a nivel emocional, espiritual y creativo. Esta apasionante colección te presenta las enseñanzas antiguas y auténticas de la Kabbalah en un formato práctico y poderoso de audio.

Puedes comprar estos productos desde nuestro sitio Web o bien llamando a Ayuda al Estudiante.

Ayuda al Estudiante: Tenemos instructores cualificados disponibles 18 horas al día. Son personas de gran dedicación que están dispuestas a responder todas y cada una de las preguntas acerca de la Kabbalah que puedas tener y a guiarte en tu esfuerzo por aprender más. Simplemente llama al **1-800-kabbalah**.

MÁS LIBROS QUE TE AYUDARÁN A TRAER LA SABIDURÍA DE LA KABBALAH A TU VIDA:

Los 72 Nombres de Dios: Tecnología para el Alma™
Por Yehudá Berg

Todos conocemos la historia de Moisés y el Mar Rojo; incluso se hizo una película basada en el tema que ganó un Oscar. Lo que no es tan sabido, nos dice el mundialmente conocido autor Yehudá Berg, es que en esa historia bíblica se encuentra codificada y oculta una verdadera tecnología de vanguardia. Este conjunto de técnicas se llama Los 72 Nombres de Dios y es la llave —tu llave— para liberarte de la depresión, el estrés, el estancamiento creativo, el enojo, la enfermedad y otros problemas físicos y emocionales. Los 72 Nombres de Dios son la herramienta más antigua y poderosa de la humanidad, mucho más potente que cualquier otro conocimiento tecnológico puntero cuando se trata de eliminar los residuos de tu vida, para que puedas levantarte y disfrutar de ella todos los días. Este libro propone la solución a todo lo que te aqueja porque actúa a nivel del ADN de tu alma.

El poder de Los 72 Nombres de Dios opera estrictamente a nivel del alma, no a nivel físico. Se trata de espiritualidad, no de religiosidad. En lugar de estar limitada por las diferencias que dividen a las personas, la sabiduría de los Nombres trasciende las disputas milenarias de la humanidad y los sistemas de creencias para tratar con el único vínculo común que unifica a todas las personas y naciones: el alma humana.

Ser Como Dios (Becoming Like God)
Por Michael Berg

A los 16 años, el erudito de la Kabbalah Michael Berg comenzó la titánica tarea de traducir *El Zóhar*, el texto principal de la Kabbalah, de su idioma original, el arameo, a la primera versión completa en inglés. *El Zóhar*, que está compuesto por 23 volúmenes, es un compendio que incluye prácticamente toda la información relativa al universo y su sabiduría, la cual sólo comienza a ser verificada en la actualidad.

Durante los diez años en los que trabajó en *El Zóhar*, Michael Berg descubrió el secreto perdido hace mucho tiempo y que la humanidad ha estado buscando durante más de 5.000 años: cómo llegar a nuestro destino final. *Ser Como Dios* revela el método transformador por medio del cual las personas pueden liberarse de lo que se denomina "naturaleza del ego", para lograr de manera efectiva la dicha total y una vida duradera.

Berg presenta una idea revolucionaria: por primera vez en la historia se le da una oportunidad a la humanidad. Una oportunidad de *Ser Como Dios*.

El Secreto (The Secret)
Por Michael Berg

Como una joya cortada y pulida minuciosamente, *El Secreto* revela la esencia de la vida en forma concisa y poderosa. Michael Berg comienza por mostrarte los motivos que provocan que la comprensión de nuestra misión en el mundo esté invertida.

Cuando el dolor invade nuestras vidas, cuando nos encontramos permanentemente en un estado que nos aleja de la dicha y la plenitud total, la razón de todas estas angustias es ese malentendido básico.

El Zóhar Esencial (The Essential Zohar)
Por Rav Berg

El Zóhar es tradicionalmente conocido como el documento más profundo y esotérico del mundo; pero el Kabbalista Rav Berg, el más sobresaliente de su generación, ha dedicado su vida a lograr que estas enseñanzas sean accesibles para todo el mundo. La gran sabiduría y la Luz de El Zóhar surgieron como un regalo para toda la humanidad; por fin, El Zóhar Esencial le revela al mundo esta maravillosa ofrenda.

Domando el Caos (Taming Chaos)
Por Rav Berg

El eminente Kabbalista Rav Berg nos ofrece una explicación profunda y avanzada sobre cómo se pueden usar las herramientas de la Kabbalah en nuestra vida diaria para eliminar el caos. (Aná Bejóaj, Meditación Kabbalística los 72 nombres y mucho más)

Cuando hablamos de caos no sólo nos referimos a un infierno en las calles, con gente corriendo como loca de un lado a otro. Se trata del caos personal. Las dificultades que tú enfrentas cada día como tropezar y lastimarte un dedo del pie, quedarte atascado en largas colas, perder dinero en los negocios, los problemas en las relaciones personales y la enfermedad. Este libro te mostrará cómo hacer que todo aquello que se interpone en el camino de tu felicidad esté de tu lado, y no en tu contra.

El Poder en ti (Power of You)
Por Rav Berg

Al cabo de los últimos 5.000 años ninguna ciencia ni psicología han sido capaces de resolver un problema fundamental: el caos en la vida de las personas.

Ahora, un hombre nos brinda la respuesta. Él es el Kabbalista Rav Berg.

Bajo el dolor y el caos que afectan a nuestras vidas, el Kabbalista Rav Berg trae a la luz un reino oculto de orden, propósito y unidad. Nos revela un universo en el que la mente domina a la materia; un mundo en el que Dios, el pensamiento humano y la totalidad del cosmos están misteriosamente interconectados.

Únete al kabbalista principal de esta generación en un asombroso viaje por el filo de la realidad. Intérnate en la vasta reserva de sabiduría espiritual que es la Kabbalah, donde los secretos de la creación, la vida y la muerte han permanecido ocultos durante miles de años.

THE KABBALAH CENTRE
El Líder Internacional en la Enseñanza de la Kabbalah

Desde su fundación, el Centro de Kabbalah ha tenido una sola misión: mejorar y transformar las vidas de las personas trayendo el poder y la sabiduría de la Kabbalah a todo el que desee participar de ella.

Gracias a toda una vida de esfuerzos del Rav Berg, su mujer Karen, y el gran linaje espiritual del que son parte, una asombrosa cifra de 3,5 millones de personas en el mundo ya han sido tocadas por las poderosas enseñanzas de la Kabbalah. ¡Y el número aumenta año tras año!

COMPARTIR LA LLAMA